AF327844

ESPAGNE.

DOCUMENTS

SUR LES

ÉVÉNEMENTS POLITIQUES

DE 1820 ET 1823.

IMPRIMERIE DE GUIRAUDET,
RUE SAINT-HONORÉ, N°. 315.

ESPAGNE.

DOCUMENTS

SUR LES

ÉVÉNEMENTS POLITIQUES

DE 1820 ET 1823

ET L'INFLUENCE DES MOINES

SUR LE GOUVERNEMENT,
L'ADMINISTRATION ET LES FINANCES,

TRADUIT DE L'ESPAGNOL.

Omne nefas : fugêre pudor, verumque, fidesque,
In quorum subière locum fraudesque, dolique,
Insidiæque, et vis, et amor sceleratus habendi.

METAMORPHOS., *lib. I.*

Paris,

CHEZ ANDRIVEAU, LIBRAIRE,

RUE NEUVE-DE-LA-FERME-DES-MATHURINS,
N° 16,
ET CHEZ LES MARCHANDS DE NOUVEAUTÉS.

1828.

AVERTISSEMENT.

Depuis vingt ans l'Espagne éprouve de violentes con-vulsions. Le germe du mal est interne , c'est la puissance des moines. Le gouvernement n'est pas assez fort pour secouer le joug de cette puissance : de là sont nés ces désordres qui n'ont pas d'exemple dans l'histoire. L'écrit qu'on va lire est un tableau fidèle des actes attribués à l'autorité souveraine, mais qui ne sont réellement que l'œuvre du parti ultramontain, qui veut prolonger sa do-mination, repoussée par le siècle.

ESPAGNE.

DOCUMENTS

SUR LES

ÉVÉNEMENTS POLITIQUES

DE 1820 ET 1823.

Les ministres du roi Ferdinand, dans son manifeste du port Sainte-Marie, du 1er octobre 1823, font ainsi parler Sa Majesté Catholique : « Mes sujets, « qui avaient l'habitude de vivre sous l'empire de « lois sages, modérées, conformes à leurs mœurs et « usages, lois qui, pendant un grand nombre de « siècles, firent le bonheur de leurs ancêtres, mon- « trèrent bientôt publiquement le mépris, l'aversion « et la haine qu'ils portaient au gouvernement con- « stitutionnel, qui ne les conduisait qu'à la misère et « à leur ruine. »

Le ministre Saëz, en contre-signant une pareille pièce, oubliait que, sous ces mêmes lois sages et modérées, avant le 7 mars 1820, époque à laquelle (selon le rédacteur de la *Collection officielle des décrets royaux*) une faction impie et scandaleuse avait privé le roi de sa précieuse liberté, Sa Majesté avait proclamé à l'Europe entière les faits suivants : « L'Espagne est dans un état déplorable, la misère « augmente chaque jour, le désordre est à son com-

« ble dans les finances, les ordres donnés pour cor-
« riger les abus sont méprisés, des pétitions sans
« nombre de toutes les villes du royaume réclament
« amèrement contre l'énormité et la confusion des
« impôts. Sa Majesté a ordonné une enquête sur les
« vices de l'administration, cause de tous ces maux.
« Elle a prescrit d'examiner les moyens de les faire
« cesser et de mettre fin aux malversations. » Le
roi ajouta : « J'ai entendu les plaintes de mes peu-
« ples sur l'inégalité de la répartition de l'impôt,
« sur les violences inouïes exercées pour son recou-
« vrement. Le conseil royal de Castille et celui
« d'état me proposeront les mesures nécessaires pour
« simplifier l'administration, pour diminuer le nom-
« bre immense des employés, dont les bras seraient
« plus utilement occupés à faire fleurir l'agriculture,
« le commerce et les arts (1). »

(*Voir* les décrets royaux des 24 novembre 1819
et 28 février 1820.)

Le 3 mars 1820, Sa Majesté invita de nouveau le
conseil d'état et le conseil suprême de Castille à lui
proposer les moyens d'arriver à un meilleur ordre
de choses dans la monarchie, à s'occuper de la réor-
ganisation de l'armée et de la marine, de la réforme
indispensable dans l'administration des finances, si
vicieuse qu'elle faisait peser sur le peuple un fardeau
énorme sans procurer au trésor les sommes nécessaires pour faire face aux dépenses. Le roi appelait
aussi l'attention des conseils sur les lenteurs de la
justice, sur les entraves qu'éprouvaient le commerce, les manufactures et les arts.

En conséquence des réponses des conseils, le marquis de Mata-Florida, ministre de la justice depuis 1818, personnage bien connu par son affection pour le gouvernement absolu, envoyait, le 6 mars 1820, au duc de l'Infantado, président du conseil royal, un décret ainsi conçu :

« Mon conseil royal et celui d'état m'ont proposé « la convocation des cortès, comme devant être « utile au bien de la monarchie. Me conformant à « leur avis, d'accord avec les lois fondamentales que « j'ai jurées, je veux que les cortès se réunissent « immédiatement. »

Les désordres avoués dans les décrets précités sont la cause réelle de la révolution du 7 mars 1820. Sous cette date parut un décret de Sa Majesté annonçant sa résolution de prêter serment à la constitution de 1812, parce que c'était le vœu général du peuple. Le manifeste du 10 mars dit : « Les progrès des « lumières de la génération actuelle, les événements, « ont créé des besoins avec lesquels il faut concilier « les institutions politiques. Pendant que je médi- « tais des changements, on m'a fait connaître l'ar- « dent désir de mes peuples de voir publier la con- « stitution. J'ai écouté les vœux des Espagnols, j'ai « donné des ordres pour la prompte réunion des « cortès. » Le manifeste se terminait par ces paroles mémorables : « Marchons franchement, et moi le « premier, dans le sentier constitutionnel. »

Le serment de l'armée suivit immédiatement. S. A. R. l'infant don Carlos, généralissime, fit la proclamation suivante :

« Soldats , l'acte solennel par lequel vous venez
« de prononcer en face de vos drapeaux la plus
« ferme adhésion à la constitution politique de la
« monarchie vous impose de grands devoirs, et vous
« ouvre une brillante carrière , dans laquelle vous
« devez acquérir une gloire immortelle. Aimer et
« défendre la patrie, soutenir le trône et la personne
« sacrée du monarque , respecter les lois , conserver
« l'ordre public , et s'unir à tous les Espagnols pour
« concourir à l'établissement et à la consolidation
« du gouvernement constitutionnel, sont nos de-
« voirs sacrés ; voilà ce que le roi espère de l'armée
« et ce dont votre premier compagnon d'armes vous
« donnera l'exemple (3). »

Peu de jours après parut l'adresse de la brigade
des carabiniers, dont l'infant don Carlos était colo-
nel. S. A. R. écrivait au roi en la lui envoyant :
« Sire , j'ai l'honneur d'élever aux royales mains
« de Votre Majesté l'adresse de la brigade des ca-
« rabiniers royaux , dont je dois le commandement
« à ses augustes bontés. Profondément pénétré des
« sentiments qu'elle exprime , je me hâte d'unir mes
« vœux les plus ardents à ceux de la brigade , et je
« félicite Votre Majesté avec le plus vif enthousiasme
« de sa magnanime résolution d'écouter les plaintes
« de la nation. En même temps que Votre Majesté
« a illustré son nom, elle a fait l'action la plus grande
« et la plus généreuse en se décidant à rétablir la
« sage constitution de la monarchie espagnole, pu-
« bliée à Cadix le 19 mars 1812. La brigade des
« carabiniers soutiendra toujours les sentiments

« qu'elle exprime à Votre Majesté. L'honneur de ce
« corps, sa discipline, sont des gages de son éter-
« nelle fidélité aux institutions qu'il a jurées, et
« de l'ardeur avec laquelle il observera et défen-
« dra aveuglément les devoirs sacrés que lui im-
« posent la patrie, la constitution et son roi bien-
« aimé. »

La *Gazette officielle* publia les réponses des ca-
binets de France et de toutes les puissances aux
significations qui leur avaient été faites du changement de système de gouvernement. Aucune ne mon-
tra ni opposition, ni mécontentement, et toutes fai-
saient des vœux pour la prospérité du royaume.
Celle du pape Pie VII (*Gazette du* 30 *avril* 1820)
portait « que Sa Sainteté aimait à croire que la
« nation garderait la pureté de la foi et observerait
« les lois ecclésiastiques ».

Les gazettes étaient pleines des récits des réjouis-
sances publiques. Le doyen et le chapitre de l'église
primatial de Tolède célébrèrent par une fête ma-
gnifique le serment à la constitution (4). Les évêques firent des mandements à leurs diocésains pour
qu'ils eussent à vivre sous le doux empire de la
constitution (5). (*Mandement de l'évêque de Ma-
jorque.*) L'évêque de Barbastro l'appelait boule-
vart de la religion, base politique de la monarchie,
assurant le bonheur de la nation (6). Il y eut des
fêtes civiques payées comme celles d'Antequera par
l'évêque de Malaga (7). Il y en eut dans les couvents (8). Les sermons de tous les curés en faveur

du gouvernement constitutionnel, dans les premiers mois, furent innombrables (9).

Dès que les événements de San-Fernando eurent donné l'impulsion, la disposition générale qui existait dans la nation fit rétablir le système constitutionnel sur tous les points du royaume. Les cortès s'efforcèrent de remédier à la misère et à tous les maux qui affligeaient l'Espagne. Elles renouvelèrent dans leurs premières sessions les décrets portés précédemment, qui ordonnaient la suspension de la nomination aux prébendes et à d'autres bénéfices; elles affectèrent leur revenu aux besoins de l'état. L'inquisition fut abolie, des couvents furent supprimés. Les cortès sentaient qu'une des plus puissantes causes de la décadence de l'Espagne était l'accumulation énorme de capitaux entre les mains du clergé, et la facilité avec laquelle on avait autorisé les fondations monacales dans toute la péninsule.

S'il était possible de mettre en doute tout ce qu'écrivirent à ce sujet les pères François de Sosa et Bricianos, l'illustre comte de Campo-Manes et d'autres hommes fameux par leurs vertus et leurs talents, il suffirait de savoir que, dès le règne des rois catholiques, on connaissait déjà les maux qu'occasionait à l'état l'abus des fondations monastiques. En effet, sur la demande de Leurs Majestés, le pape Alexandre VI expédia en 1497 le bref qui autorisait le cardinal Ximenès Cisneros à réformer ou à supprimer l'ordre des cordeliers. Le pape Pie V expédia, sous Philippe II, un autre bref aux mêmes fins.

Le conseil de Castille, dans un mémoire adressé à Philippe III le 1er février 1619, dans lequel il examinait les moyens d'augmenter la population et de mettre fin aux désordres de l'administration, disait : « Qu'il fallait désormais ne plus permettre l'établis- « sement de nouveaux monastères, et supplier Sa « Sainteté de mettre un terme à ses concessions, « en lui représentant les *maux excessifs* qui sont la « conséquence de l'accroissement des couvents et « des ordres religieux, qui leur devient funeste à « eux-mêmes par l'admission de personnes qui n'y « sont pas appelées par leur vocation, mais dans le « but d'éviter la misère et par l'attrait des plaisirs « et des douceurs de l'oisiveté, et tout cela au pré- « judice du royaume, dont une population nom- « breuse fait la force et la prospérité. Il est impos- « sible de calculer l'étendue des maux qui résultent « de ces causes ou effets. Les biens du clergé sont « exempts d'impôts ; jamais ils ne rentrent dans la « circulation générale, et produisent ainsi l'appau- « vrissement des laïcs, sur lesquels seuls pèse le lourd « fardeau des charges de l'état. » Le conseil de Cas- tille s'exprimait de la même manière dans un mé- moire adressé aux pieux Charles II, mémoire qui donna lieu à la loi première, livre 2, chapitre 26, de la *Novissima recapitulacion*, sur les moyens de réformer les abus des ordres religieux.

Les cortès, qui connaissaient à fond ces désordres qui ont fait de l'Espagne une colonie du clergé, entre les mains duquel vient s'accumuler toute la richesse du pays, décrétèrent la vente de ces biens et la sécularisation des moines ; mesure d'autant plus sage qu'on arrachait des sommes énormes aux mourants effrayés, et que l'argent envoyé à Rome pour y payer les dispenses montait à des sommes considérables. Ces décrets excitèrent les cris et la rage de cette classe privilégiée d'où sortirent promptement les Merino, les Mosen Anton et les Trapiste, qui levèrent des troupes, favorisés par leurs richesses, par leurs prédications et leurs manœuvres dans les confessionnaux, moyens puissants sur un peuple crédule et sans défiance (10).

Le *Mémorial bordelais* du 19 juillet 1822, dans un article sur la situation de l'Espagne, disait : « Le « clergé, victime de la révolution par les pertes de « tant d'auxiliaires, de tant de richesses et de privi- « léges, conçoit mieux que la noblesse le sort qui le « menace et qui menace aussi la religion. On doit « donc être sûr que l'opposition du clergé sera posi- « tive, générale et universelle : voilà pourquoi les « royalistes armés ont pris le titre d'*Armée de la* « *Foi*. Les curés conserveront toujours la plus grande « influence sur les artisans et les laboureurs ; il leur « sera très facile d'opposer une puissante résistance, « de réaliser un soulèvement général, de séduire la « garde nationale et le peu de troupes constitution- « nelles qui existent. »

Pendant qu'on écrivait ainsi à Bordeaux, M. Xavier Burgos, éditeur du journal *l'Impartial*, publié à Madrid, aujourd'hui partisan de l'absolutisme, s'exprimait ainsi dans son numéro 305 du 9 juillet 1822, s'adressant aux partisans du pouvoir

(15)

absolu. « Il existe un fait certain , terrible , inévi-
« table , dont vous êtes obligés de reconnaître la vé-
« rité : le monde repousse vos opinions à jamais.
« Vous pouvez nommer comme vous voudrez l'esprit
« du siècle : appélez-le *impie* , *séditieux*, *irréligieux*
« et *déloyal*, le nom n'y fait rien ; mais il est certain
« que le fait existe. Les hommes du XIXe siècle ne
« veulent plus porter de chaînes, ni civiles , ni re-
« ligieuses. Ils ne veulent plus reconnaître dans les
« ministres des autels d'autre autorité que la spi-
« rituelle. Les hommes ne s'égorgeront plus désor-
« mais pour affermir l'épée dans la même main
« qui fait fumer l'encens. Vous êtes en minorité et
« vous avez l'audace de conspirer. Le nombre de
« dupes que vous avez faites, que vous avez soulevées
« dans un moment de délire, ne doit pas vous abu-
« ser : l'ignorance et l'illusion sont de très mauvais
« éléments de pouvoir. Les malheureux que vous
« traînez au carnage invoqueront les fureurs du
« ciel contre votre perfidie ; la religion vous abhorre,
« vous méconnaît : si elle pouvait se détruire, elle
« aimerait mieux périr que de se voir défendue par
« vos mains sacriléges , souillées en sortant du saint
« sacrifice par l'assassinat et la violence. Cessez
« donc d'invoquer la religion , vous ne pouvez , à
« l'avenir , tromper personne ; elle se conservera sur
« notre sol par la miséricorde divine, par le carac-
« tère espagnol, et en dépit de vos horribles fureurs.
« Vous êtes les plus cruels ennemis du trône. Vous
« vous proclamez les ennemis du désordre, et vous
« voulez détruire toutes les garanties sociales. Au nom

« du ciel, cessez d'aspirer au pouvoir : on sait trop
« l'usage que vous en avez fait, celui que vous en
« feriez encore, si vous étiez appelé de nouveau à
« diriger les affaires ; vos moyens de gouverner se
« réduisent à l'hypocrisie, à l'espionnage et à la pro-
« scription. »

La présence d'une armée française, dite *Cordon
sanitaire*, sur nos frontières, encouragea ce parti.
Son entrée en Espagne le fit triompher. Sa Majesté
Catholique publia à Cadix le manifeste suivant avant
de quitter cette ville, le 30 septembre 1823.

« Espagnols, le premier devoir d'un roi est de
« faire le bonheur de ses sujets ; et comme il est im-
« possible de l'obtenir quand le sort futur de la na-
« tion est incertain, je m'empresse de calmer les
« doutes et l'inquiétude que pourrait produire la
« crainte de voir le despotisme s'affermir et la na-
« tion devenir la proie de l'animosité d'un parti.
« Unissant mon sort à celui de la nation, j'ai couru
« avec elle toutes les chances de la guerre, mais la
« loi impérieuse de la nécessité m'oblige de la ter-
« miner. Dans ces circonstances, ma voix peut seu-
« lement anéantir les vengeances et les persécutions.
« Un gouvernement sage et juste peut seul réunir
« toutes les volontés. Ma seule présence dans le camp
« ennemi dissipera les horreurs qui menacent l'île
« de Cadix, ses loyaux habitants et le grand nombre
« de dignes Espagnols qui s'y sont réfugiés. Décidé
« comme je le suis à faire cesser les désastres de la
« guerre, j'ai résolu de partir d'ici demain ; mais
« avant mon départ je veux faire connaître les

« sentiments de mon cœur, qui sont ceux que je vais
« exprimer. »

« Article 1er. Je déclare de ma libre et spontanée
« volonté, et je promets sous la foi de ma parole
« royale, que, si la nécessité me force à changer les
« institutions politiques de la monarchie actuelle-
« ment en vigueur, j'adopterai un gouvernement
« qui fasse le bonheur complet de la nation, qui
« assure la liberté individuelle, la sûreté des pro-
« priétés et la liberté civile des Espagnols.

« Article 2. J'offre également de ma libre et spon-
« tanée volonté, et je suis décidé à observer et à
« faire observer un oubli général de tout le passé
« sans aucune exception, dans le but de rétablir par-
« mi tous les Espagnols la tranquillité, la confiance
« et l'union, qui sont si nécessaires pour le bonheur
« commun, que mon cœur paternel désire ardem-
« ment.

« Article 3. J'assure également et je promets que,
« quels que puissent être les changements, seront
« reconnues comme je les reconnais les dettes et
« obligations contractées par la nation et par mon
« gouvernement sous le système actuel.

« Article 4. Je promets aussi et j'assure à tous les
« généraux, chefs, officiers et sous-officiers des ar-
« mées de terre et de mer qui ont obéi jusqu'à pré-
« sent au gouvernement actuel dans toute l'étendue
« de la péninsule, la conservation de leurs grades,
« emplois, traitements et décorations. Tous les au-
« tres employés militaires, civils et ecclésiastiques,
« qui ont suivi le gouvernement et les cortès, con-

« serveront également les leurs , quoiqu'ils appar-
« tiennent aux présentes institutions ; et si, en con-
« séquence de réformes ultérieures, ils ne pouvaient
« garder leurs emplois, ils jouiraient au moins de la
« moitié de leur traitement actuel.

« Article 5. Je déclare et je promets également
« aux miliciens volontaires de Madrid , de Séville
« et autres qui se trouvent actuellement dans cette
« île , et à tous les Espagnols qui s'y sont réfugiés ,
« sans y être obligés par leurs emplois ou commis-
« sions, qu'ils pourront sur-le-champ retourner dans
« leurs foyers ou se rendre dans tel endroit du
« royaume qu'ils jugeront convenable, avec la pleine
« assurance de n'être jamais inquiétés pour leur con-
« duite politique, ni pour leurs opinions antérieures.
« Les miliciens seront logés et nourris pendant leur
« route comme les soldats.

« Les Espagnols ci-dessus désignés , et les étran-
« gers qui désireront sortir du royaume , seront
« maîtres de le faire librement , et on leur expédiera
« les passeports nécessaires pour les pays qu'ils dé-
« signeront.

« Cadix , ce 30 septembre 1823.

« Moi le Roi. »

Le parti apostolique, qui, à l'aide de l'armée française, s'était de nouveau emparé de toutes les places,
qui s'occupait à réparer ses pertes par les confisca-
tions et les séquestres , ne pouvait admettre cette
transaction , qui mettait fin à sa prépondérance , et

qui confirmait la perte de ses revenus et de ses privi-léges. Cette transaction était juste, politique et honorable. C'est un fait avéré, qu'à peine le roi était descendu dans la maison qui lui était destinée au port Sainte-Marie, le 1er octobre, qu'il se présenta sur un balcon, cédant au désir du peuple, que Sa Majesté répondit aux acclamations de la multitude en lui jetant plusieurs exemplaires du décret du 30 septembre, et en disant : Voilà ce que j'ai promis et ce que je suis décidé à tenir exactement. Le peuple, redoublant alors ses cris, et ivre de joie, se dispersa immédiatement, tranquille et satisfait de la bonté royale. Peu d'instants après, le chanoine de Tolède, don Victor Saëz, ministre des affaires étrangères, nommé par la régence, se présenta au roi, et lui fit signer le même jour le décret suivant :

(11) « Les scandaleux succès qui précédèrent, ac-
« compagnèrent et suivirent l'établissement de la con-
« stitution démocratique de Cadix, au mois de mars
« 1820, ont été bien publics et connus de tous mes sujets.

« La plus criminelle trahison, la plus honteuse
« lâcheté, l'attentat le plus horrible contre ma royale
« personne et la violence furent les moyens employés
« pour changer essentiellement le gouvernement pa-
« ternel de mon royaume en un code démocratique,
« source féconde de désastres et de malheurs.

« Mes sujets, accoutumés à vivre sous des lois sages,
« modérées et conformes à leurs usages et à leurs
« mœurs, et qui, pendant tant de siècles, ont fait
« le bonheur de leurs ancêtres, donnèrent bien
« promptement des preuves publiques et universel-

« les de la désapprobation et du mépris du nouveau
« régime constitutionnel ; toutes les classes de l'état
« ressentirent le mal causé par les nouvelles insti-
« tutions.

« Gouvernés tyranniquement en vertu et au
« nom de la constitution, et épiés dans leur intérieur,
« il n'était pas possible de réclamer l'ordre ni la
« justice, et ils ne pouvaient obéir à des lois éta-
« blies par la lâcheté et la trahison, soutenues par
« la violence du désordre le plus épouvantable, de
« l'anarchie la plus désolante et de la détresse uni-
« verselle.

« Le vœu général retentit de toutes parts contre
« la tyrannique constitution ; il retentit pour la
« cessation d'un code nul dans son origine, illégal
« dans sa formation, injuste dans son contenu ; il
« retentit enfin pour le soutien de la sainte religion
« de leurs ancêtres, pour le rétablissement des lois
« fondamentales et pour la conservation de mes
« droits légitimes, droits que j'ai reçus de mes an-
« cêtres, que mes sujets ont jurés solennellement.

« Le cri général de la nation ne fut pas stérile.
« Dans toutes les provinces se formaient des corps
« armés (12) qui se liguèrent contre les soldats de
« la constitution ; quelquefois vainqueurs, d'autre-
« fois vaincus, ils demeurèrent toujours constants
« dans la cause de la religion et de la monarchie.

« L'enthousiasme pour la défense d'objets si sa-
« crés ne leur manqua jamais dans les revers de la
« guerre ; et préférant la mort à la perte de si grands
« biens, mes sujets firent voir à l'Europe, par leur

« fidélité et leur constance, que, si l'Espagne avait
« pu nourrir dans son sein quelques hommes dé-
« naturés, fils de la rébellion, la nation entière est
« religieuse, monarchique, et passionnée pour son
« légitime souverain.

« L'Europe entière, connaissant très bien ma
« captivité et celle de toute la royale famille, la dé-
« plorable situation de mes sujets loyaux et fidèles
« et les maximes pernicieuses que répandaient de
« toutes parts les agents espagnols, résolut de mettre
« fin à un état de choses qui était un scandale uni-
« versel, et qui marchait à la destruction de tous les
« trônes et de toutes les anciennes institutions, pour
« les remplacer par l'irréligion et le mépris des
« mœurs.

« La France, chargée d'une si sainte entreprise,
« a triomphé en peu de mois des efforts de tous les
« rebelles du monde, réunis pour le malheur de
« l'Espagne sur le sol classique de la fidélité et de la
« loyauté.

« Mon auguste et bien-aimé cousin le duc d'An-
« goulême, à la tête d'une vaillante armée, vain-
« queur dans tous les lieux de ma domination, m'a
« délivré de l'esclavage sous lequel je gémissais, et
« m'a rendu à mes sujets constants et fidèles.

« Rétabli sur le trône de Ferdinand par la main
« juste et sage du Tout-Puissant, et par les géné-
« reuses résolutions de nos nobles alliés, et par l'en-
« treprise hardie de mon cousin le duc d'Angou-
« lême et de sa vaillante armée (13); désirant por-
« ter un remède aux besoins les plus pressants de

« mes peuples , et manifester à tous ma véritable
« volonté , dans le premier moment où j'ai recouvré
« ma liberté, j'ai rendu le décret suivant :

« Article 1er. Sont nuls et de nulle valeur tous
« les actes du gouvernement appelé constitutionnel,
« de quelque classe et de quelque espèce qu'ils soient,
« système qui a dominé mon peuple depuis le 7 mars
« 1821 jusqu'à ce jour 1er octobre 1823 , déclarant,
« comme je déclare, que pendant toute cette époque
« j'ai été privé de ma liberté , obligé de sanctionner
« les lois , et d'expédier les ordres , décrets et rè-
« glements que méditait et expédiait contre ma vo-
« lonté le même gouvernement.

« Article 2. J'approuve tout ce qui a été décrété
« et ordonné par la junte provisoire du gouverne-
« ment et par la régence, créées l'une à Oyarzun le 9
« avril, et l'autre le 26 mai de la présente année, bien
« entendu que c'est provisoirement et en attendant
« que, suffisamment instruit des besoins de mes peu-
« ples, je puisse donner les lois et prendre les moyens
« les plus propres à assurer leur véritable prospérité
« et leur bonheur, objet constant de tous mes désirs.

« Vous communiquerez ce décret à tous les mi-
« nistres. »

Scellé de la main royale.

Port Sainte-Marie , le 1er octobre 1823.

Signé DON VICTOR SAEZ.

L'approbation de tous les actes de la junte provisoire d'Oyarzun et de la régence de Madrid ,
donnée par le roi, sans que Sa Majesté eût eu le

temps de les lire, prouve que cette résolution de sa part fût l'effet de l'intrigue d'un parti.

Le roi avait convoqué les cortès de l'avis des conseils d'état et de Castille. Les princes du sang royal, toutes les classes de l'état, avaient applaudi à l'établissement de la constitution. Le parti prêtre triompha : le clergé ne pouvait avoir que de l'aversion pour un système qui tarissait ses trésors. On avait assigné au pape une pension de douze mille piastres, en conséquence de laquelle Sa Sainteté devait délivrer gratis les dispenses matrimoniales. Des prébendes et des institutions monacales avaient été supprimées, des biens ecclésiastiques vendus. Le clergé ne négligea aucun moyen pour séduire le peuple et appeler l'étranger. Aussitôt que le chanoine Saëz se fût assuré, par le décret du port Sainte-Marie, de la proscription de tous ceux qui avaient suivi Sa Majesté dans sa marche constitutionnelle, se fiant à sa foi et à sa parole royale, aux énergiques adresses de l'infant don Carlos, aux mandements des évêques et aux exhortations des curés, il ne s'occupa plus que de consolider son système, en entourant le roi de tous ses partisans. Le parti de la Foi changea son nom en celui de *royaliste* ; les chaires retentirent sur tous les points de cris de vengeance. Les ministres des autels fanatisèrent le peuple et l'excitèrent au meurtre de ses frères : un nombre considérable de victimes fut immolé par suite de cette horrible frénésie.

Le 1er octobre 1823, la compagnie d'hallebardiers de la garde fut dissoute : elle avait accompagné le roi depuis Madrid, elle s'était toujours montrée dévouée et prête à périr pour la conservation de la famille royale. Les hallebardiers, choisis parmi les sergents de l'armée les plus braves et de la meilleure conduite, se virent réduits à la plus affreuse misère en récompense de leurs longs et honorables services. L'illustre défenseur de Tariffa, le lieutenant-général don Francisco de Copons, subit le même sort (14). Un nombre immense de familles furent réduites au plus horrible dénûment, grâce à l'insigne vertu dont le chanoine Saëz fit ostentation dans le décret du 4 octobre, qui le nomme confesseur du roi, en conservant le portefeuille des affaires étrangères. Pour se mettre à l'abri des plaintes des victimes, il fut décrété le même jour que tous ceux qui avaient été députés, conseillers d'état, membres du suprême tribunal de justice, chefs de bureau de tous les ministères, généraux commandant de province, chefs politiques (préfets), chefs et officiers de la garde nationale, seraient tenus de s'éloigner de cinq lieues du chemin par où passerait Sa Majesté; qu'ils seraient à jamais exilés de Madrid et d'un rayon de quinze lieues. On destitua tous les fonctionnaires qui avaient accompagné le roi, leur refusant tout secours pécuniaire et même leurs appointements arriérés. (Décrets des 2 et 17 novembre.) Tous les individus du corps des douaniers furent cassés et déclarés incapables de servir à l'avenir, pour avoir obéi au gouvernement auquel ils avaient prêté serment. (Décrets des 7 novembre 1823 et 8 mars 1824.) On déposséda les échevins héréditaires qui

avaient montré de l'attachement à la constitution.
(Décret de la régence du 13 juillet 1823.) On raya
à perpétuité de l'état militaire les braves régiments
de Guadalajara, infanterie de ligne, et de Lusitania,
cavalerie légère, pour avoir repoussé aux portes de
Madrid la troupe de Bessières, et empêché par là le
pillage de la capitale par des bandits. (Décret du
30 mai 1823.)

On déclara indignes des fonctions publiques et
privés du port d'armes tous les gardes nationaux,
compris ceux des familles nobles. (Décrets des 23
juillet 1823 et 4 juillet 1825.) Cette peine s'étendait
aux personnes qui avaient appartenu aux sociétés
secrètes.

Amnistie était accordée à ces dernières si elles
se dénonçaient volontairement à leurs évêques ou
vicaires. (Décret du 26 septembre 1824.)

On défendit d'admettre dans la nouvelle organi-
sation de l'armée tous les sergents qui avaient servi
dans les troupes constitutionnelles, hors le cas où
ils pourraient prouver, par des faits positifs, leur
aversion à ce système. (Décret du 12 octobre 1824.)
On prescrivit de ne donner d'emplois qu'aux royalistes prononcés. (Décret du 16 octobre 1823.) On
annula toutes les nominations postérieures au 7 mars
1828. On força tous les fonctionnaires à se purifier,
afin de parvenir par là à chasser tous les suspects.
On décréta le dernier supplice contre ceux qui ose-
raient crier *Vive la liberté! mort aux tyrans!*
(Décret du 9 octobre 1823.) Le décret de la régence
du 29 septembre 1823 abolit tous les collèges, aca-

démies et écoles militaires, parce que l'éducation
chrétienne des élèves avait été négligée, parce qu'il
avait été question, dans les classes, d'affaires politiques et de changement de gouvernement. Il ordonna
de renvoyer chez eux les officiers élevés et autres individus de ces établissements. Par décret du 31 décembre
1823, les dépôts militaires créés par les cortès furent
licenciés. Leur décret du 13 mars 1814 fut annulé ; il
disait : « La nation prend sous sa protection im-
« médiate tous les militaires nationaux ou étrangers
« devenus invalides en la défendant. Il sera choisi
« dans chaque chef-lieu de département un édifice
« pour loger ces invalides ; ils seront habillés et nour-
« ris comme les soldats de l'armée ; on tâchera de
« leur faire apprendre le métier pour lequel ils au-
« ront le plus d'aptitude ; le produit de leur travail
« sera ajouté au traitement que leur assigne la pa-
« trie. » La moitié du produit des bulles qui permettent de faire gras les jours maigres et le tiers
de la partie affectée aux pensions des évéchés d'Espagne et des îles furent dévolus à ces établissements.
Les malheureux invalides furent réduits par le décret du 31 décembre 1823 à demander l'aumône sur
le même terrain arrosé de leur sang pour l'indépendance de leur pays.

Les décrets de la régence des 11 et 21 juin 1823
rétablirent les couvents de moines, ordonnèrent la
restitution de leurs biens à ceux qui les avaient ache-
tés du gouvernement constitutionnel, sans les rem-
bourser de leur prix d'achat. Les moines s'en emparèrent avec toutes les améliorations qui y avaient

été faites. On rendit aux jésuites les maisons, col-
léges, biens et revenus qu'ils possédaient jadis.
(Décrets des 19 février et 22 décembre 1824.)

On annula tous les rachats des rentes appartenant
aux moines. Les acquéreurs, qui perdaient déjà le
prix d'achat, furent de plus forcés de payer les arré-
rages échus. (Décret du 16 janvier 1825.) On affranchit les capucins et cordeliers des droits d'entrée
qu'on fait payer au laboureur qui rapporte quelques
morceaux de bois pour chauffer sa famille. Tous les
testaments des moines sécularisés pendant les trois
années du gouvernement constitutionnel furent déclarés nuls; les couvents respectifs s'emparèrent de
leurs héritages. (Décret du 13 janvier 1824.) Enfin, pour rendre aux autels le lustre et l'éclat qu'ils
avaient malheureusement perdu dans les derniers
temps de guerre et de révolution, on exempta les
novices des ordres religieux du tirage pour le ser-
vice militaire. (Décret du 26 janvier 1825.)

Grâce aux décrets rendus en leur faveur, les couvents virent tourner à leur profit des capitaux énormes employés par les acquéreurs à rebâtir la plupart de leurs maisons, à améliorer leurs biens, dont
la plus grande partie était négligée.

Les moyens employés par des instituts auxquels
leurs fondateurs n'avaient laissé pour héritage que
des exemples d'humilité et d'abnégation, et qui
sont parvenus à posséder en Espagne les meilleurs
biens, sont signalés dans la loi de Castille. « L'am-
« bition humaine, disait le roi Charles III, est par-
« venue à corrompre tout ce qu'il y a de plus sacré.

« Nombre de confesseurs, traîtres à leur conscience,
« excitent leurs pénitents par toutes sortes de sug-
« gestions, et, ce qui est plus coupable encore, ceux
« qui sont à leur heure suprême, à leur léguer leurs
« biens, sous prétexte de fidéicommis, ou pour les
« distribuer en œuvres pieuses, les assigner aux
« églises ou couvents de leur ordre, pour élever des
« chapelles ou pour d'autres fondations religieuses ;
« ce qui occasiona la spoliation des héritiers légi-
« times, mal très grave et scandale encore plus
« considérable. Considérant donc la répétition et la
« multiplicité de ces legs violents et produits de la
« séduction et de la fourberie » (comme le porte
littéralement le texte), « la loi les déclare nuls. »

Qu'on ose dire maintenant que la guerre de 1808
et la révolution de 1820 ternirent l'éclat de l'autel !

La junte d'Oyarzun et la régence de Madrid, par
ordres des 28 avril et 31 mai 1823, prescrivirent
aux évêques de retirer aux moines sécularisés les
permissions de prêcher et de confesser, et les titres
de curé qui leur avaient été donnés sous le système
constitutionnel.

Le décret du 22 juillet 1824 porte que la récompense méritée par le clergé d'Espagne pendant les
trois dernières années de malheureuse mémoire
rend nécessaire de pourvoir aux prébendes et bénéfices ecclésiastiques ; qu'il ne serait pas politique dans
les circonstances actuelles d'exécuter le décret de Sa
Majesté du 5 août 1818, qui ordonnait la suspension
de ces nominations pendant deux ans (15).

Depuis cette époque, la *Gazette de Madrid* n'a

cessé d'être remplie de longues listes des promotions ecclésiastiques.

DIMES.

Les cortès, jugeant que le mode en usage de prélever la dîme sans déduire la quantité de grains nécessaires à la semaille, qui avait déjà payé ce droit, sans en retrancher le prix du fermage, et les frais du labourage, qui forment le 40 p. 100 du produit, était un fardeau trop lourd pour le peuple, qui en souffrait horriblement, et qui montrait la plus grande répugnance à acquitter un impôt qu'on ne lui arrachait que par la sévérité des lois sur la matière, réduisirent à moitié cette contribution ecclésiastique.

Une des premières dispositions de la régence fut d'annuler ce décret, onze jours après son installation, par sa circulaire du 6 juin 1823, où il dit « que « l'amour indiscret des nouveautés, l'ardeur crimi- « nelle de tromper le peuple par de fausses et sédui- « santes théories, avaient produit cette mesure, qui « laissait le clergé sans une dotation convenable, « qui réduisait les ministres des autels à l'indigence; « que le culte divin avait été abandonné faute d'ar- « gent pour le soutenir, et qu'on avait osé attaquer « des biens que la religion des Espagnols avait tou- « jours respectés. » La dîme fut rétablie intégralement ; et comme à cette époque la récolte était faite dans les provinces méridionales, où l'on obéissait encore au gouvernement représentatif, on donna à l'ordonnance du 6 septembre et au décret du 12 avril 1824 un effet rétroactif sur les grains et fruits recueillis et consommés peut-être avant leur publication. On déclara que toute la récolte de 1823 devait payer la dîme, et que celle de 1824 serait chargée du déficit de l'année précédente. Des missionnaires apostoliques se répandirent partout et prêchèrent au confessionnal et en chaire sur la stricte obligation de payer la dîme entière. On recommanda aux curés des campagnes de démontrer dans leurs discours l'origine divine de cette contribution ; les évêques en agirent de même dans leurs visites diocésaines, et cela au préjudice de leur considération. Sur les plaintes des chapitres de Jaen et de Ciudad-Rodrigo, par circulaire du 14 décembre 1826, furent remises en vigueur les anciennes lois qui condamnaient à la peine de cinquante coups de fouet sur les places publiques ceux qui ne payeraient pas la dîme en grains nets, secs et non mêlés de paille, de pierres ou de niel.

DÎME NOVALE.

On appelle dîme novale les produits des terres qui n'ont pas été cultivées pendant trente ans. Ces terres appartiennent au roi (puisqu'on veut que cela soit) en conséquence d'une bulle du pape. Sa Majesté les cède pour un nombre fixe d'années à ceux qui entreprennent la dépense considérable de leur défrichement, à la seule obligation de constater par témoins, et avec l'autorisation du curé, que les

terres sont de l'espèce susdite. Les évêques diocésains doivent aussi déclarer dans le terme de quarante
jours que les défrichements ont lieu dans des terres
novales. Il y a une foule de procès et des plaintes
à l'infini sur le retard qu'éprouvent ces décisions,
qui, au lieu d'être rendues dans les quarante jours,
comme le veut le décret, ne le sont qu'après un
grand nombre d'années.

L'ordonnance royale du 27 novembre 1826 prescrivit, pour mettre fin aux plaintes, que les produits de la dîme novale, comme d'origine douteuse,
seraient mis en dépôt dans les greniers des chapitres ecclésiastiques. Le malheureux laboureur se vit
privé par là du fruit de ses sueurs et de ses avances.

A la demande du grand-vicaire de l'archevêché
de Séville, par ordre du 2 septembre 1823, fut
annulé le décret des cortès du 9 novembre 1820,
qui réunissait aux domaines de l'état tous les biens-
fonds, droits et actions des chapelles vacantes,
ermitages, sanctuaires, confréries, etc. Tout cela
fut rendu au clergé, qui, de plus, par une ordonnance du 1er septembre 1824, fut exempt de payer
le subside qu'il devait pour les trois années du
gouvernement constitutionnel. Le clergé refait de
cette manière, avec les revenus de la dîme, des prémices, ceux de Saint-Jacques, les dépôts de la dîme
novale, les capitaux et intérêts de ce qu'on appelle
obras pias, et autres impositions de cette espèce, on
ordonna qu'il serait chanté un *Te Deum* en actions
de grâce. (Décret du 20 octobre 1823.) Il y eut
aussi dans toutes les villes une fête de réparations

des torts faits au saint sacrement, et on fit dire au roi dans le décret à ce sujet : « Quand j'observe les « miséricordes du Très-Haut, mon esprit s'abyme « dans l'horrible souvenir des sacriléges commis et « des irrévérences que l'impiété osa se permettre « contre le Suprême Créateur de l'univers. Les mi-« nistres du Christ ont été persécutés et sacrifiés. « Le vénérable successeur de saint Pierre a été ou-« tragé, les temples du Seigneur ont été détruits et « profanés, etc., etc. »

Les Espagnols qui ont vu établir la constitution au nom du Dieu tout-puissant, qui ont lu le cha-pitre 2 de cette constitution, ainsi conçu : « La « religion de la nation est et sera perpétuellement « la catholique, apostolique et romaine, la seule « qui soit vraie ; le culte de toutes les autres est dé-« fendu. » ; ceux qui virent les ministres des au-tels concourir à l'établissement de la constitution, exercer tranquillement leurs emplois, et l'éclat que conservèrent alors les églises, feront justice de cet article.

On fit dans toutes les églises du royaume des ser-vices solennels pour les âmes de ceux qui avaient péri en défendant la cause *de Dieu et du Roi.* (Dé-cret du 9 octobre 1823.)

Voilà pour le clergé. Voyons maintenant si le retour de l'absolutisme a procuré les mêmes avan-tages à la nation, en rétablissant ses finances.

FERME DU SEL.

Pour éviter que le public soit privé d'un objet de consommation aussi indispensable que le sel (affermé comme il l'est actuellement, il se vendait de 52 à 54 réaux * la fanègue ** en 1819, et 2 réaux et demi du temps de la constitution), l'ordonnance du 11 juin 1823 porte « que les intendants expédieront sur- « le-champ des ordres pour empêcher la vente du sel « dans les salines des particuliers, pour activer l'é- « laboration dans celles du roi, et pour faire fournir « les greniers à sels de leurs districts ». Cet ordre, qui empêche de vendre leurs sels aux Espagnols, les autorise à le faire aux étrangers, en payant le droit établi ; il annula tous les décrets et règlements des cortès sur la liberté du commerce de cet article de première nécessité. Les procureurs-généraux de Ségovie demandèrent qu'on affranchît le peuple de l'onéreuse distribution du sel, qui est toujours forcée. (Voir le *Journal des Débats* du 4 janvier 1828.) L'ordonnance royale du 22 janvier 1824 porta « qu'on méprisait cette requête et toutes celles sem- « blables, qui n'étaient bonnes qu'à contrarier l'ad- « ministration ». Le gouverneur subdélégué des finances de Carthagène fit un rapport sur le refus de la municipalité de faire la répartition du sel dans les bourgs et villages de sa juridiction, vu leur extrême misère. Un décret royal du 13 mars 1824 ordonna de passer outre à la distribution, et que, si

* Le réal vaut 26 centimes et demi.
** La fanègue équivaut à 57 litres.

sous un mois le peuple ne le recevait pas , on devait en exiger le prix comme si le sel avait été réellement livré.

Le décret du 16 février 1824 , qui fixe le mode d'administration du sel , parle des différents changements et progrès qu'elle a subis ; il dit qu'en 1640 le sel était à 11 réaux , en 1796 à 14 réaux la fanègue. L'article 1er du décret lui assigne le prix de 42 réaux , et en sus les dépenses occasionées par les transports des salines aux greniers royaux.

Dans les salines des particuliers de l'île de Léon et de San-Lucar , on vend le sel aux étrangers pour lester leurs navires , à raison d'un réal la fanègue. En supposant que celui du roi lui revînt au double , il y a encore loin de là aux 48 ou 50 réaux qu'on exige du peuple dans les répartitions du sel en Andalousie. La répugnance et l'aversion pour cette imposition est excessive ; elle ouvre de plus un vaste champ à la contrebande.

FERME DU TABAC.

La ferme du tabac fut rétablie par des motifs entièrement contraires à ceux donnés pour le rétablissement de la ferme du sel. Le décret du 16 février 1824 porte « que c'est un objet de luxe et de ca-« price , que son usage est libre et volontaire , qu'il « ne nuit à aucune branche d'industrie , ni à la con-« currence du commerce pour les autres marchan-« dises ». Suit une longue dissertation sur les savantes combinaisons de l'ancien établissement, comme si l'autorité et la force n'étaient pas le seul talent nécessaire à ce monopole, consistant à acheter comme on peut et à vendre comme on veut. On annonçait au public que, lors de la création de la ferme par Philippe IV en 1636, la livre de tabac valait 3 réaux. A cette époque, les communications étaient moins faciles. Le décret fixe à 36 réaux le prix de la livre de tabac de Virginie, à 48 réaux les cigares mêlés, ceux de la Havane à 40 réaux en sus du prix d'achat. Cette mesure ruina les propriétaires et les ouvriers des manufactures de tabacs; elle augmenta le nombre des commis de barrière; celui des contrebandiers s'accrut prodigieusement, et avec eux la démoralisation. Les douaniers, pour prouver leur zèle, fouillaient et emprisonnaient le malheureux artisan sur lequel ils trouvaient un cigarre, tandis que dans la même rue passaient des convois de bêtes de somme chargées de tabacs, qui étaient bien sûrs de ne pas être inquiétés par les préposés des douanes, qui avaient traité de leur entrée à prix d'argent. Dans le seul bourg de Sabugo, on trouva huit mille arobes de tabac qui ne pouvaient pas y être tombées des nues; dans les boutiques mêmes où l'on vend le tabac pour le compte du gouvernement, on découvrit des fraudes de ce genre.

Dans un des cent articles du décret du 16 février, on étendit l'usage du papier timbré, on en éleva le prix, et on poussa l'exaction au point de faire payer les feuilles de lettres qui se présentent en justice comme si elles étaient timbrées. On rétablit et on augmenta l'impôt des entrées (*derecho de puertas*), qui avait été supprimé sous le gouvernement constitutionnel ; on l'appliqua à toutes les villes de plus de quinze mille âmes, qui n'y étaient pas assujetties lors de sa création en 1817. (Décret du 16 février 1824.)

On rétablit la ferme des liqueurs et eaux-de-vie au profit du trésor royal : on exposait dans le décret que la première ferme remontait à Philippe iv, qu'on avait rendu ce commerce libre en 1717, qu'on l'avait affermé de nouveau en 1719, qu'il avait été affranchi en 1746, puis ensuite administré pour le compte de l'état en 1800, et libéré enfin en 1804, sous condition de payer des droits de consommation, qui furent réunis aux contributions générales du royaume, ce qui prouvait que ce commerce n'avait fait que des progrès vers la liberté. (Décret du 16 février 1824.)

On rétablit la contribution de paille et ustensiles, motivée sur la raison que, si on la laissait supprimer, l'état ne jouirait pas de ce revenu. (Décret du 16 février 1824.)

On rétablit l'impôt de *frutos civiles*, qui oblige à payer 4 p. 100 du prix de loyer des maisons, moulins, machines, canaux, des produits des arts, et 6 p. 100 du revenu des biens-fonds. Le décret dit que c'est une contribution juste et équitable, parce qu'elle pèse sur les possesseurs de terres, rentes, cens, bois, droits royaux et de juridiction, et non sur les fermiers colons, ouvriers ou propriétaires qui cultivent leurs terres. L'article 6 affranchit de cet impôt les revenus des biens ecclésiastiques. (Décret du 16 février 1824.)

Pour ne pas épuiser le peuple par des impositions extraordinaires, on établit la ferme de la morue, qui enlevait au commerce cette branche d'industrie ; on força à l'acheter dans les magasins royaux, en obligeant à payer chaque livre 28 maravedis en sus de son prix, et on défendit l'introduction de poissons étrangers.

Les effets de commerce échappant à la contribution de *frutos civiles*, on obligea les négociants à payer annuellement dix millions de réaux, somme qu'on a augmentée progressivement en raison de la diminution des affaires. Ces énormes charges sont encore peu de chose, si on les compare à ce qu'on a à supporter des manœuvres intérieures des douanes, des escomptes des trésoreries, de l'insatiable cupidité des autorités, de l'insolence des fonctionnaires publics, du pillage de la police, des impôts municipaux, et enfin des moyens sans nombre inventés par la sordide avidité de presque tous les employés pour extorquer de l'argent. Le malheureux peuple opprimé sait seul les spoliations qu'il souffre ; tout ce qu'il a à payer pour cartes de sûreté, de résidence, passeports, amendes, et surtout les voleries dont il est victime dans les persécutions continuelles et les emprisonnements arbitraires. Lui seul sait à quel point ses privations sont grandes quand, avec tous ces fardeaux, il doit encore acheter les denrées de première nécessité à un prix élevé.

Les chemins, quais, théâtres et autres édifices publics, sont dans un état d'abandon complet, et l'on met des impôts locaux destinés à l'habillement des volontaires royalistes, composés, pour la plupart, de gens sans aveu.

Les contraintes judiciaires montent à des sommes considérables, ainsi que les escroqueries religieuses, qui continuent en contravention à l'ordonnance du 3 novembre 1790, où le roi disait « qu'ayant eu « connaissance des excès et des abus généralement « établis de vendre et de loter, sous de pieux pré- « textes, des bijoux de peu de valeur, effets, vivres, « meubles et autres bagatelles, aux portes et aux « environs des temples, moyens inventés par l'usure, « Sa Majesté les défendait à jamais ». Malgré ce décret, on voit tous les jours dans les rues des villes ces jongleries religieuses pour acheter *la Cou-ronne de la Vierge*, *l'Autel de saint Antoine*, *des âmes du purgatoire*, etc., etc., ce qui exerce des mois entiers l'oisiveté des questeurs dévôts.

Le peuple pourrait dire, si cela lui était permis, ce que lui coûtent journellement les demandes inso-lentes et importunes des sacristains, frères laïcs mendiants, des religieuses, ermites, et des moines des ordres religieux, détachés par bandes pour ré-clamer d'autorité ce dont ils prétendent avoir be-soin pour le soutien des églises et des couvents; ce que lui coûtent l'entretien des temples, les droits casuels, la contribution forcée et considérable des-tinée à solder les mercenaires qui viennent tous les carêmes lui rappeler le devoir de payer la dîme et les prémices à l'église de Dieu.

Voilà où a conduit l'audacieuse hypocrisie qui dirige despotiquement un gouvernement stupide, enchaîné par la superstition et vendu à ses intérêts. Le clergé, pour soutenir ces abus ruineux, devait disposer, selon son caprice, de tous les emplois ; et c'est pour lui en faciliter les moyens que la régence fulmina le décret du 27 juin 1823, qui déclarait nulles toutes les nominations postérieures au 7 mars 1820, et qui ordonnait que tous les fonctionnaires nommés antérieurement devaient se purifier pour conserver leurs emplois. La purification avait lieu par informations secrètes prises des membres de la coalition, vivement intéressés à la vacance des emplois. On ne suivit pas, à cet égard, les règles précises et éclairées fixées par les lois, malgré les justes réclamations des proscrits. Pour placer les partisans de la secte, parut le décret du 23 novembre 1823, qui déclarait vacantes les places de tous ceux qui avaient suivi le roi à Cadix, obéissant à ses ordres et restant fidèles à leur honneur et à leur serment. Même cause donna lieu au décret du 26 octobre 1823, prescrivant de ne proposer, pour les emplois et commissions, que des personnes parfaitement connues pour leur affection à Sa Majesté, et après avoir pris les plus amples informations sur leur conduite politique. On a méprisé les plus éclatants services ; on a réduit aux horreurs de l'indigence un nombre immense de famille. On a porté un coup mortel à l'honneur et à la probité des fonctionnaires publics en leur apprenant que leur existence et leurs emplois n'avaient d'autre garantie que le caprice des coryphés de la restauration. Il n'y a pas en Espagne un seul coin libre de leur influence destructive, et partout on compte leurs victimes. Les militaires qui défendirent l'indépendance de la patrie contre les armées de Napoléon, les illustres défenseurs de Gironne et de Sarragosse, ceux qui arrosèrent de leur sang les champs d'Albuera et de Baylen, sont obligés de se soumettre aux horribles humiliations de ce parti (16). Pas un emploi civil, militaire ou municipal, n'a été donné sans préalable information du candidat, faite auprès du curé ou des moines. Dans ces informations secrètes, il est uniquement question de l'aptitude du candidat à soutenir ces abus, couverts du masque trompeur de l'autel et du trône : il est facile de juger par là de la capacité des élus.

L'état de l'Espagne est celui d'un volcan rempli de matières inflammables. Si l'on ne porte pas remède à la situation des choses, l'explosion sera horrible.

NOTES.

---

(1) Paroles littérales des décrets royaux du 24 novembre 1819 et du 28 février 1820.

(2) Ce décret, expédié dans le temps où S. M. jouissait de la plénitude de sa liberté, se trouve, avec tous ceux que nous citons, dans la collection officielle publiée à Madrid par ordre du roi, et à ses frais.

(3) Voir les gazettes extraordinaires du gouvernement, des 12 et 15 mars, et l'ordinaire du 27 avril 1820. Le manifeste du roi fut affiché dans tout le royaume.

(4) La gazette du 4 avril dit « qu'aussitôt la cérémonie du « serment solennel terminée, le chapitre, accompagné du « clergé séculier et régulier, des croix des paroisses, de la « musique, etc., se rendit en procession au chœur, et qu'on « chantât un *Te Deum* en action de grâces. »

(5) La gazette officielle du 25 mai 1820 publia son mandement.

(6) Dans sa lettre pastorale, gazette du 10 août 1820.

(7) La gazette du 27 août dit : « Les 25, 26 et 27 juillet, « le serment à la constitution fut prêté à Antequera ; il y « eut des courses de taureaux, des illuminations ; monsei- « gneur l'évêque de Malaga donna une somme pour aider « aux frais de la fête, qu'il honora de sa présence ; il sortit « sur la place pour recevoir la municipalité. »

(8) La gazette du 7 août 1820 rapporte que, pour célé- brer le 9 juillet, jour où le roi prêta serment à la consti- tution, les moines déchaussés de Cadix donnèrent un fête solennelle avec messe et *Te Deum*, qu'un sermon fut pro- noncé par le père Cardenas, aumônier de la garde natio- nale.

(9) Voir les gazettes des 6 , 21, 23, 25 et 31 août, et celles des 1 , 2 , 3 et 10 septembre 1820, sous la rubrique de Cadix, Oyarzun , Amezqueta , Carmona , Mayorga , Zafra, Solosa, Guadalajara , Galicia , etc.

(10) Afin de mettre un terme à l'exportation continuelle de l'argent qu'on envoyait à Rome pour obtenir des dispenses matrimoniales , si communes dans les petites villes, bourgs et villages, les cortès bornèrent cette somme à douze mille piastres fortes par an. La régence , par son ordonnance du 30 juin 1823 , adressée à tous les archevêques, évêques d'Espagne et des Indes , révoqua ce décret des cortès, et rétablit l'ancienne coutume , qui obligeait le malheureux laboureur à vendre ses mulets et ses outils de labourage pour obtenir la permission d'épouser sa cousine.

(11) M. Saëz , actuellement évêque de Tortose , auteur de ce décret furibond , ne trouvera pas mauvais que nous répétions un morceau de l'apothéose de la constitution, faite dans la chaire du Saint-Esprit par un docteur théologien qui ne peut pas lui inspirer de défiance, puisqu'il n'a jamais été poursuivi par le gouvernement, qui le conserve dans son église et qui lui montre la plus grande déférence. Il est imprimé, et est ainsi conçu :

« *A Domino factum est istud , et est mirabile in oculis*
« *nostris.* »

« Oui , très illustres seigneurs, clergé respectable et di-
« gnes citoyens, telle est la douce émotion qui me trans-
« porte quand j'observe l'ordre , la grandeur et la dignité
« des idées qui brillent dans la nouvelle constitution des
« Espagnes , de cette œuvre merveilleuse sous tous les rap-
« ports, où , plus encore que la sagesse et l'illustration des
« hommes, brille l'équité absolue, caractère distinctif des
« ouvrages du Seigneur. O jour heureux, désiré et à jamais
« mémorable, œuvre de la main puissante du Très-Haut,
« monument indélébile de ses miséricordes éternelles, objet
« le plus digne d'occuper notre cœur , avec quel plaisir je
« ressasse dans ma mémoire les maximes et les préceptes qui

« ont été réunis avec la plus grande prévision , jugement et
« prudence, dans les 384 articles dont se compose la savante
« constitution politique qu'on vient de promulguer dans ce
« temple. Les sentiments de piété qu'elle renferme ne sont
« pas inférieurs aux institutions sacrées données par le pre_
« mier législateur Moïse aux Hébreux. Cette constitution
« politique , morale, religieuse , est tellement en rapport
« avec la politique sacrée des livres saints, que, quelque
« grand que soit notre respect pour les honorables députés
« des cortès où elle a été discutée, nous sommes forcés d'a-
« vouer que l'union merveilleuse d'opinions politiques si
« difficiles à accorder , d'intérêts si opposés, est l'ouvrage
« de lumières plus qu'humaines, d'une particulière et su-
« prême assistance, d'une inspiration divine. »

M. Saëz jugera de l'effet que doit produire une si grande
divergence d'opinion entre deux ecclésiastiques instruits ,
autorisés à prêcher l'Evangile et à diriger les consciences.

(12) Les corps armés qui se formèrent dans les provinces
étaient les mêmes bandes de malfaiteurs commandées par
les fameux brigands Joseph Esteban , Daralillos , Jacques
le Barbu , et autres voleurs de grands chemins , qui étaient
poursuivis pour vols et assassinats, et qui furent transfor-
mées comme par enchantement en défenseurs de la foi.

(13) Si , comme le dit le décret , les Espagnols prouvèrent
bientôt d'une manière publique et universelle leur aversion
au gouvernement représentatif ; si le vœu général s'éleva
partout contre ce code, nul, illégal et injuste ; si , dans
toutes les provinces , s'armèrent simultanément contre cette
poignée de lâches traîtres les sujets loyaux de S. M. ; à quoi
pouvait servir la révolution des puissants alliés et l'entrée
des troupes étrangères ?

(14) Il commandait les troupes chargées de la garde de la
famille royale.

Les vice-amiraux don Gabriel Ciscar , don Gaëtan Valdès et le lieutenant-général don Gaspar Rigodet , tous trois
conseillers d'état , qui avaient été nommés régents à Séville

le 11 juin 1823, lorsque le roi se refusa à partir pour Cadix, ne durent la vie qu'à l'honorable conduite du lieutenant général comte de Bourmont. Le général comte D'Ambrugeac passa une heure à persuader à M. Valdès de se rendre sur le vaisseau de l'amiral Duperré, l'ordre du roi d'Espagne étant arrivé pour le mettre en prison et l'exécuter, lui et ses deux collègues. M. Valdès ne pouvait croire à cet ordre, ayant été comblé de bontés par le roi et la famille royale, qu'il avait eu l'honneur de conduire au port Sainte-Marie trois jours auparavant. Le général Valdès montrait une répugnance excessive à s'embarquer, déclarant qu'il saurait mourir puisqu'il le fallait. Le général d'Ambrugeac l'entraîna à bord presque de force. Le général Rigodet doit avoir conservé une lettre autographe de S. M., du 11 juin au soir, dans laquelle le roi lui ordonnait d'accepter les fonctions de régent. Malgré cela, il n'a pu être ni jugé ni purifié, et il est à Gibraltar dans la plus grande misère. Don Ciscar, mathématicien distingué, homme estimable et vertueux, qui fut deux fois régent quand le roi était prisonnier en France, est aussi à Gibraltar, où il végète avec une pension d'environ trois mille francs que lui paie le duc de Wellington, parce que, non content d'avoir fait perdre les emplois à tous les exilés, on a séquestré leurs biens. L'amiral Valdès, modèle d'honneur, de vertu et de probité, est à Londres, où ont cherché un asyle les hommes les plus estimables de l'Espagne, que les bornes de cet écrit ne nous permettent pas de citer. Mais qu'il nous soit permis de dire un mot du lieutenant général don Michel d'Alava, dont le caractère ferme et décidé est orné de toutes les vertus qui honorent le militaire distingué, le citoyen généreux, l'homme modeste, probe et vertueux. Il est retiré aux environs de Tours, où il jouit d'un trop modique revenu.

(15) Pour satisfaire aux dettes contractées envers les créanciers, victimes des promesses du gouvernement, et consolider le crédit de la nation, S. M. assigna, en sus des autres rentes dont ce décret fait mention, les revenus des deux

premières années des dignités ecclésiastiques, canonicats, prébendes, et des bénéfices à la nomination royale ou ecclésiastique. On avait obtenu à cet effet une bulle du pape, du 26 juin 1818. S. S., bien convaincue de la misère du peuple et du trésor, disait :

« *Omnes dignitates, canonicatus, prebendas et eccle-* « *siastica beneficia quocumque titulo et appellatione* (avec « exception de celle de présidence, métiers et cures), *quæ in* « *posterum, quocumque titulo, vacaverint duobus conti-* « *nuis annis, tibi non præsentare et nominare permittimus* « *et indulgemus, et iis quibus de jure ad ipsum conveniat* « nostra autoritate. »

« Nous vous permettons de ne point présenter et de ne « point nommer, durant deux années, aux canonicats, « prébendes, bénéfices, quel que soit leur titre, qui vien- « dront à vaquer par la suite. »

Comme les motifs de cette concession subsistent encore, qu'ils ont été considérablement augmentés depuis 1820 par les désordres du gouvernement révolutionnaire, on ne conçoit pas sur quoi se fondent les archevêques et évêques, qui savent que *ejus est tollere cujus est condere*, « celui qui « a fait la loi peut en dispenser », pour ne point obéir à ce bref de l'autorité pontificale expédié en faveur de créanciers respectables, pour consolider le crédit de l'état et le bonheur de ce roi pour lequel ils prétendent avoir un grand amour.

(16) Les maréchaux duc de Reggio, duc de Conegliano, comte Molitor, et des généraux commandant les troupes françaises, conclurent, d'après l'autorisation du prince généralissime, des capitulations avec les troupes constitutionnelles, que S. A. R. Monseigneur le Dauphin sanctionna ensuite. Toutes assuraient aux officiers qui s'y trouvaient compris l'oubli complet et absolu de leur conduite politique, la conservation de leurs honneurs et emplois. Le gouvernement espagnol a traité ces capitulations avec le plus profond mépris. Non content d'avoir impurifié, cassé, dé-

pouillé, emprisonné les capitulés, selon son caprice, il a fait périr du supplice des voleurs (traînés, pendus et écartelés) le maréchal de camp don Juan Martin l'Empecinado, le brigadier don Francisco Abad, et nombre d'autres qui s'étaient fiés à la parole d'un fils de France.

Le ministère français de M. de Villèle, qui a toléré ces infamies, a manqué à la France, à l'Espagne, à l'armée et à son chef, dont il a laissé violer la foi.

La Camarilla espagnole a fait demander le rappel d'Andalousie du général Castellane, sous prétexte qu'il avait des opinions constitutionnelles. M. de Villèle s'empressa de la satifaire, en éloignant de la péninsule un officier général qui ne pouvait voir sans chagrin la non-exécution des capitulations.

FIN.

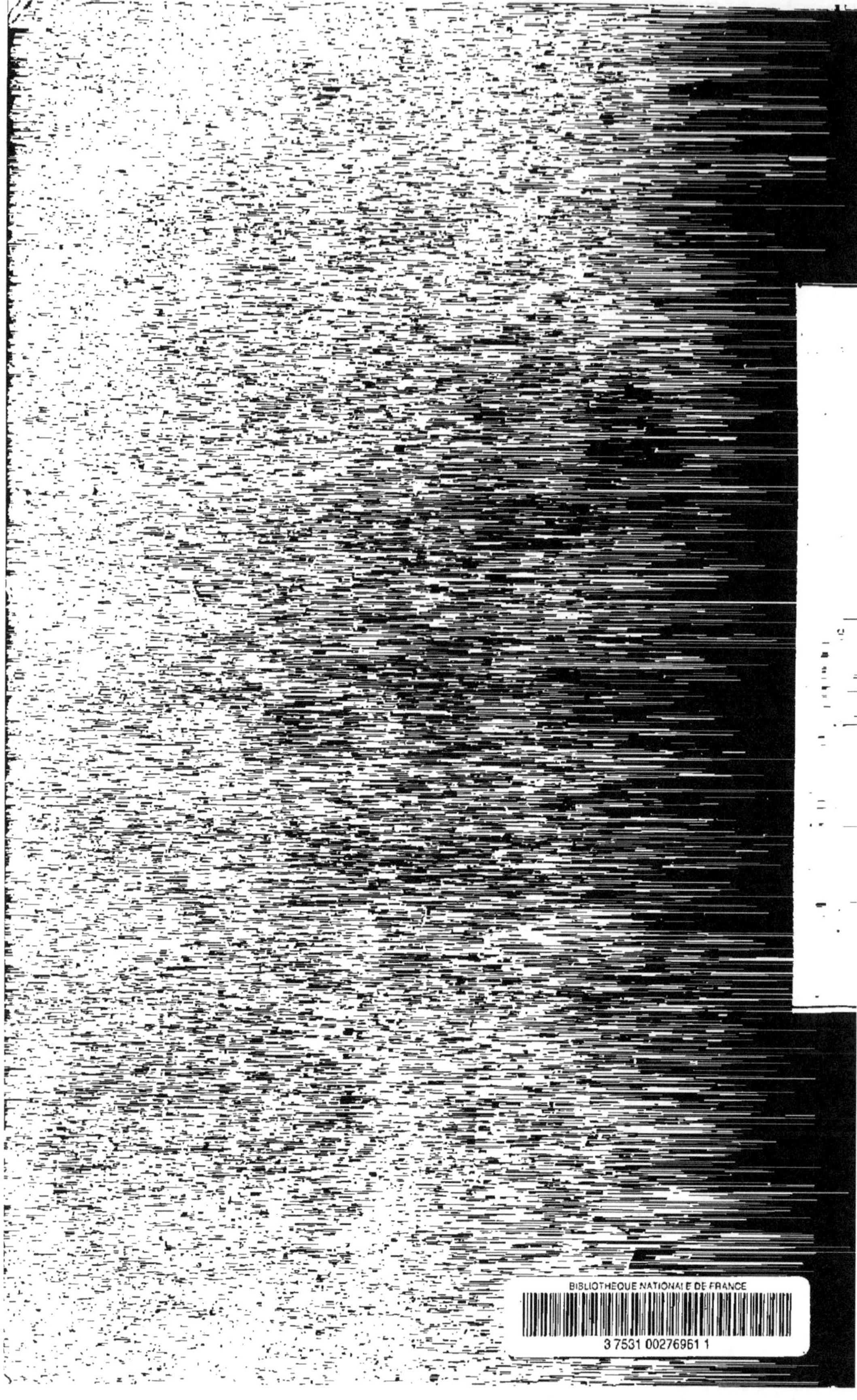

www.ingramcontent.com/pod-product-compliance
Lightning Source LLC
LaVergne TN
LVHW010325030726
842520LV00004B/1272